前を向いて歩こう

Walk facing forward

龍神NIPPON
心を奮い立たせるメッセージ集

龍神語録

NEXt VOLLEY BALL NEXt
主婦の友社

はじめに

世界を舞台に戦う龍神NIPPON（全日本男子バレーボールチーム）の選手たちは、さまざまな苦境を乗り越えて今日を迎えています。取材をするたびに、体験に基づいた彼らの言葉には力があり、多くの人の心をつかんでいることを実感します。

そこで、選手たちが自分の心を奮い立たせてきた言葉、チームを鼓舞してきた言葉を選りすぐり、その言葉が生まれた背景や意図を解説しました。どの言葉も、私たちに勇気や元気を与えてくれます。本気で取り組むことの大切さを教えてくれます。そんな＜龍神語録＞を暮らしの中に取り入れて、選手たちとともに、前を向いて歩きましょう。

be encouraged by those words

バレーは考えることがたくさんある。
だからおもしろい

NEXt VOLLEY BALL NEXt

バレーは考えることがたくさんある。だからおもしろい

　2015年9月に行われたワールドカップで、当時19歳ながら海外の強豪と堂々と渡り合った石川祐希選手。世界を驚かせた若き怪物の原動力は、「バレーボールがおもしろい」という素直な感情だ。石川選手に「バレーボールのおもしろさとは？」と尋ねると、こう答えた。「バレーは流れのスポーツなので、雰囲気によっても変わるし、1人ではできない。その中でどう点数を取っていくかを考えるのが楽しい。サーブにしろスパイクにしろブロックにしろ、いろんな選択肢があるし、戦術もいっぱいあって、とにかく考えることがたくさんあるところがおもしろいかなと思います」。

　考えることがたくさんあるから難しい、ではなく、おもしろい。石川選手はいつもそうだ。たとえ困難な状況であっても、相手がどんな強豪でも、彼は“遊び心”を忘れない。心に余裕があるから、「次はこうやってみよう」「こうしたら相手は嫌だろうな」と多彩な引き出しを駆使して、どんな相手も手玉に取ることができるのだ。

(2015年12月のインタビューより)

＜試してみよう＞

試合で勝つには、自分が満足するプレーをするよりも、相手が嫌がるプレーをすることが大事。そのためには、相手をよく見て、考えて行動する習慣をつけよう。

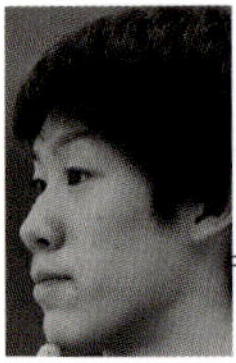

石川 祐希

Ishikawa Yuki

今のレベルで調子に乗るんだったら
それまでの選手

今のレベルで調子に乗るんだったら
それまでの選手

2015年9月に日本で開催されたワールドカップで一躍、人気選手となった柳田将洋選手。大会後は取り巻く環境が一変。所属するサントリーの体育館やVリーグの会場には大勢のファンが集まり、黄色い声がとぶ。取材も殺到した。23歳の若者がいきなりそんな環境の中に放り込まれたら、調子に乗ったり、浮き足立ったりしてもおかしくない。しかし柳田選手はまったく変わらない。そのことを尋ねると、こう答えた。「今の技術レベルやバレー知識で調子に乗るんだったら、所詮僕はそれまでの選手。それに、僕自身は周りの選手よりも全然活躍していなかった。逆に『サーブレシーブやディグをもっと練習して欲しいな』と思われてるのかな、と思っています。さぼっている暇はありません」と。

揺るぎない自分を持っていて、今やるべきことをしっかりとわかっているから、周囲の喧噪に惑わされることがない。一歩引いたところから冷静に自分を見つめられる選手だからこそ、大舞台で力を発揮できるのだ。

(2015年12月のインタビューにて)

<試してみよう>

ここぞという時に力を発揮するには準備が必要だ。自分よりも実力が上の人に目を向けて、『上には上がいる。自分はまだまだ』という思いを原動力に、前へ進もう。

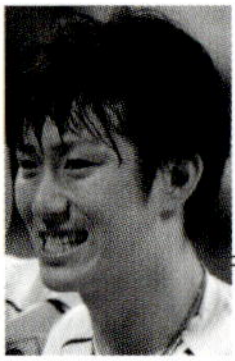

柳田 将洋
Yanagida Masahiro

不安にかられることもあるけど、
考えても仕方ないことに
時間を費やすのはもったいない

NEXt VOLLEY BALL NEXt

不安にかられることもあるけど、考えても仕方ないことに時間を費やすのはもったいない

高校に入学した頃、山内晶大選手はバスケットボール部に入るか、ハンドボール部に入るかで迷っていた。『バレーボールなど考えもしなかった』が、2mを超える高さを、周囲が放っておくはずがない。熱心な勧誘を受けてバレーボール部に入ったが、全国大会出場など夢のまた夢。才能が一気に開花したのは愛知学院大学在学時の 2014 年に、全日本へ大抜擢されてからだった。そこでも基礎と向き合わざるを得ない異例の選手だったが、世界と戦い、さまざまな経験を通して知識や技術を習得してきた。ワールドカップ（2015 年）からは、『NEXT 4』の1人として注目され、チームも 2 大会ぶりのオリンピック出場に向けて期待がふくらむ。

ただ、山内選手にとってオリンピックへの挑戦はこれが初めてで、想像すらできない世界。『もしも行けなかったらどうなるんだ?』と不安を抱くこともあるが、そこに留まっていては進めない。『考えても仕方ないことに、時間を費やすのはもったいない。やってみなければわからないのだから、せっかくのチャンスをネガティブではなくポジティブにとらえて戦ったほうがいい』。そう考えられるところが山内選手の強さであり、成長の素でもある。

（2016 年2月、インタビューにて）

＜試してみよう＞

なにをするにも、新たな挑戦には勇気がいる。その勇気をどうもつかを山内選手は教えてくれる。できるかできないかは二の次。ありったけの力でぶつかって風穴を開けよう。

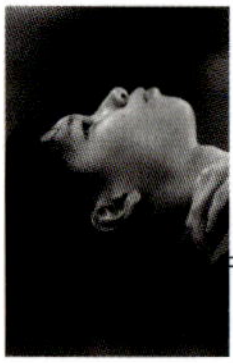

山内 晶大
Yamauchi Akihiro

限界は自分でつくるものじゃない

限界は自分でつくるものじゃない

　2014 年のアジア大会で、石川祐希選手、柳田将洋選手ら若手がシニア代表デビューを飾った。大会当初はランキング、実力共に格下相手のリーグ戦。もっと思い切りプレーすればいいのに、という場面で、遠慮がちなプレーが目立った。そこで、思わず出たのがこの言葉だ。

　言葉を発したのは永野健選手。ゲームメーカーともいえる『リベロ』の役割を全うするベテランだ。どんな選手に対しても、いいものはいい、ダメなものはダメ、と厳しく要求する。そして、言うからには自分もやる。いつも自分に厳しく、有言実行することが、長年、全日本の守護神としてコートに立ち続けてきた永野選手の強みだ。そんな永野選手だからこそ、若手の消極的なプレーに、もったいなさを感じたのだろう。

　目の前のことを全力でやり続けていれば、可能性は無限に広がっていく。『ここまでできる』と決めるのは、自分ではないのだ。

(2014 年仁川アジア大会にて)

＜試してみよう＞

やってみたら意外とできた、という経験をしたことがあるだろう。自分のキャパシティ（能力）は想像以上に大きい。だから自分でセーブしないで！　授業でも、練習でも、試合でも、今やるべきことに集中し、全力で取り組もう。

永野 健
Nagano Takeshi

苦しい状況に置かれたとき、
結局、最後にすがりつけるのは
自分自身の覚悟だけ

NEXt VOLLEY BALL NEXt

苦しい状況に置かれたとき、
結局、最後にすがりつけるのは自分自身の覚悟だけ

2008年北京オリンピックに大学4年で出場し、その後、日本代表を支えてきた福澤達哉選手は昨年、ブラジルリーグに挑戦した。そのシーズン中、先発を外れる試合が続いた。日本ではなかった経験に、自信を失い、悩んだ。オフの日も1人で悶々とバレーのことを考え続けて、眠れない夜を過ごした。「今までで一番苦しい時期だった」と振り返る。精神的に追いつめられ、逃げ出しそうになる自分をギリギリのところで踏みとどまらせたのは“覚悟”だった。

「何とかなるだろうと、根拠のない開き直りをして現実から目を背けることは簡単だったけど、『何のために、俺はここまで来たんだ』と自分に問いかけました」。4年前（2012年）、ロンドンオリンピック出場を逃した。自分が世界に対抗するために何をすればいいのかが、国内でプレーしているだけでは、もうこれ以上見つからない。海外でプレーするしかない。リオオリンピックにたどり着くためには、行くしかない。その覚悟を思い起こし、福澤選手はブラジルでの苦境を乗り越えたのだ。

（2016年3月の取材で）

＜試してみよう＞

自信を失ったり、くじけそうになったりしたら、自分と対話しよう。初心を思い出すことができれば、「もう一度やってみよう」という気持ちになるはずだ。

福澤 達哉
Fukuzawa Tatsuya

昔からコートに立つことには貪欲だった

昔からコートに立つことには貪欲だった

傳田亮太選手は、2015/16 V・プレミアリーグで豊田合成の初優勝に貢献。ベスト６を受賞し、オリンピックイヤーの今年、龍神ＮＩＰＰＯＮのメンバーに初選出された。南部正司監督が求める「世界の高さとスピードに対応でき、ワンタッチが取れるミドルブロッカー」として白羽の矢が当たったのだ。身長（191cm）こそ高いとは言えないが、持って生まれた長いリーチと、アンデッシュ・クリスティアンソン監督のもとで鍛えられた、相手アタッカーへの対応力を武器に、最終メンバーに名を連ねている。

あどけない表情とおっとりした口調から、一見欲がなさそうに見えるが、バレーボールに関しては向上心の固まりで、「コートに立つことには、昔から貪欲だった」と言う。ポジション争いに絡む後輩は、もはや後輩ではない。ライバルとして接する。コート上ではシビアに線を引き、監督が求めるバレーを自分のものにしようと真摯に取り組んできて、シニア代表まで昇り詰めた。

つかんだチャンスは放さない、そのために必ず結果を出す、という傳田選手のポリシーはここでも通用するのか。目が離せない。

(2016 年３月の取材より)

＜試してみよう＞

その道で輝くには、自分の長所を伸ばすことと、求められることを吸収し、やってみせることが大事。日々の活動で心がけてみよう。

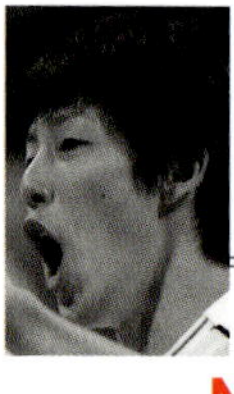

傳田 亮太
Denda Ryota

常に平常心でプレーできてこそ、
真のエース
「苦しい時は、俺に持って来い！」

NEXt VOLLEY BALL NEXt

常に平常心でプレーできてこそ、真のエース
「苦しい時は、俺に持って来い！」

全日本男子チームのキャプテンとして臨んだ、自身にとっては３度目のワールドカップ（2015年）。石川祐希選手、柳田将洋選手ら若手の台頭もあり、20年ぶりに5勝をあげて、男子バレー復活を強く印象づけたが、その中で、揺らがぬ柱としてチームを引っ張っていたのは、まぎれもなく、キャプテンの清水邦広選手だった。

大学生の頃から世界を相手に戦い続けるサウスポー。エースとして、常に点を取ることを期待されてきた清水選手は、『自分が決めなければ負ける』とすべてを背負い込み、時に感情的になる場面もあった。しかし、全日本男子チームの主将という責任ある立場になったことで、改めて、勝つために自分はどうすべきかを考えた。そして「苦しい時に頼られる存在になりたい」という思いから、平常心でプレーすることを自分に課したのだ。

リーダーとして背負う責任は、一回り人を進化させる。清水選手が心を決めたことにより、復活した男子バレーのこれからに期待がふくらんだ。

(2016年2月のインタビューにて)

＜試してみよう＞

リーダーを任されたら、やりきる覚悟を決めよう。その上で、自分にできることを考えるといい。心が決まっていれば、自然とリーダーらしくなっていくものだ。

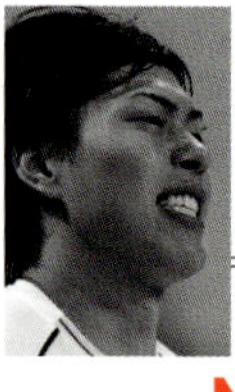

清水 邦広
Shimizu Kunihiro

近い目標を一つ一つクリアしてきたら
ここにたどり着いた

近い目標を一つ一つクリアしてきたら
ここにたどり着いた

2016シーズン、頼れるベテランが全日本に帰ってきた。V・プレミアリーグで過去7シーズン中6回ブロック賞に輝いたミドルブロッカー・富松崇彰選手だ。富松選手は4年前のロンドンオリンピック世界最終予選のメンバーの1人。出場権を逃した時は悔しさを噛みしめた。ただ、リオデジャネイロオリンピック出場のためにこの4年間やってきた、というのとは違う。今年、全日本に復帰した時に、こう語っていた。「リオがあるから4年間頑張ろう、というんじゃなく、その時その時で、近い目標を一つ一つクリアしてきた結果、ここにたどり着いた、という感じです」。

全日本に呼ばれても呼ばれなくても、バレーに対する姿勢は変わらない。東レにいる時は東レで、チームが勝つために自分のやるべき仕事を全力で果たす。全日本に呼ばれたら、「来たからにはやるべきことをやって、結果を出す」と常にブレがない。目の前のことをおろそかにせず、今いる場所で自分ができる最大限のことをやり続ける人にこそ、成功はやってくる。

(2016年4月、薩摩川内合宿で)

＜試してみよう＞

夢をかなえるには、いつまでに何をすべきかを、具体的に考えることが必要だ。頂上をめざすルートは自分なりでいい。目標を今の自分が達成できるレベルにまで落とし込み、今を懸命に生きよう。

富松 崇彰
Tomimatsu Takaaki

“特別”をつくらない。
それが落ち着いて力を発揮する秘訣

NEXt VOLLEY BALL NEXt

“特別”をつくらない。それが落ち着いて力を発揮する秘訣

2015年のワールドカップで、世界のトッププレーヤーと並び、個人賞(ベストアウトサイドスパイカー)を受賞する活躍を見せた石川祐希選手。19歳の新星が、オリンピックの出場権がかかる大舞台で、なぜ、気負うことなく、実力を発揮できたのか。そこには、石川選手が大切にしているポリシーがあった。

「僕にとってはどの大会も同じ。オリンピックも特別ではない」と言い切る。石川選手にとって大切なのは、目の前にある試合で最善を尽くすこと。試合に真摯に向き合ってきたら、ワールドカップにたどり着いた。

バレーボール界では、オリンピック、世界選手権と並び、世界三大大会の一つとされる大会でも、緊張しすぎず、チームの勝利のために力を発揮することができたのは、ワールドカップが特別な大会ではなく、日常の延長線上にあったからなのだ。

(2015年12月のインタビューにて)

＜試してみよう＞

練習試合や小テスト、ささいな仕事を甘く見てはいけない。日々の活動に全力で取り組んでいれば、本番でもしっかりと力を発揮できるはずだ。

石川 祐希
Ishikawa Yuki

苦しいけど、楽しい。だって相手がいるから。
コートの向こうにも、自分の隣にも

苦しいけど、楽しい。だって相手がいるから。
コートの向こうにも、自分の隣にも

2015/16V・プレミアリーグでは、柳田将洋選手が所属するサントリーが苦しんだ。特に10月の開幕から12月までは3勝9敗と大きく負け越していた。しかも12月の天皇杯では初戦で中央大学に敗れる屈辱まで味わった。その後、チームは長時間のミーティングを行い、選手たちで思いをぶつけ合った。入団1年目の柳田選手も遠慮することなく、ディフェンスの約束事を明確にする必要性などについて発言した。その頃、口にしたのがこの言葉だった。

苦しみも、楽しみも、相手がいてこそ味わえるもの。「相手というのは、コートの向こうもそうだし、隣の仲間もそうです」。

バレーボールは1人ではできない。チームメイトとのコミュニケーションが不可欠だ。時には言いたくないことも言わなければいけないし、人を動かすためにあれこれ考えを巡らすこともある。だから難しいのだが、それを含めて柳田選手は「楽しい」と思える。自分の思いが相手に伝わって化学変化がおこり、それが勝利につながった時の喜びはずっと大きなものになるからだ。

(2015年12月のインタビューにて)

＜試してみよう＞

チームスポーツでは、一人ひとりの思いや考えを共有することが大切だ。わかってもらえるように話すことを心がけて、チームで勝つ喜びをたくさん味わおう。

柳田 将洋
Yanagida Masahiro

自分がここに来たことには、
意味があるはず

自分がここに来たことには、意味があるはず

JTに11年間在籍し、絶対的な守護神として活躍した酒井大祐選手。2014/15 V・プレミアリーグでは初優勝に大きく貢献した。しかしそのJTを解雇され、いくつかの誘いの中から選んだ新天地がサントリーだった。

ところが2015/16シーズン、サントリーは下位に低迷し苦しんだ。酒井選手がサントリーに合流したのはリーグ開幕のわずか1ヶ月前で、最初は遠慮があった。プレーの調子も上がらず、JTとの違いにも戸惑った。新たな環境で、チーム成績も自身のプレーも思うようにいかない苦しい状況の中で、酒井選手が発したのがこの言葉だ。

自分の境遇や選択を後悔したり、以前の環境と比べて落ち込んだりしてもおかしくないが、酒井選手はポジティブ思考で前を向いた。周囲とのコミュニケーションをコツコツと深め、ブロックとディフェンスの関係を少しずつ築き上げるなど、そのとき自分にできることに力を尽くし、チームの状況を改善させていった。その姿勢は全日本でも変わらず、酒井選手は今いる場所で自分ができることに全力を傾ける。

(2015年11月の取材にて)

＜試してみよう＞

進学や社内異動など、環境が変わってうまく行かない時にも、「自分がここに来たことには、意味があるはず」と前向きに考え、自分に今できることを探してみよう。

酒井 大祐
Sakai Daisuke

「若さあふれる太陽」という
キャッチコピーのようにもっと輝きたい

「若さあふれる太陽」という
キャッチコピーのようにもっと輝きたい

昨年のワールドカップ開幕前に行われた記者会見で、セッターの深津英臣選手は「僕のことは“若さあふれる太陽”と覚えてください」と発言して場の空気を和ませた。それ以前に行われたテレビの番組収録の際に、自身のキャッチコピーを考えてほしいと言われ、深津選手自身が考えたのが「若さあふれる太陽」だったと言う。

「一つは、若さあふれるプレーをしたいという思い。それと、“太陽”というのは、見た目だけじゃなくて（笑）、自分自身がもっと輝いていかないといけないし、チームに元気を注入できたらなという思いで、決めました。キャッチコピーを覚えてもらうことで、皆さんに見ていただけて、男子バレーに興味を持っていただけるかもしれないし、『この選手面白いな』と思ってもらえるようなアピールをしていきたいと思います」。

自分の容姿をあえて話題にして笑い飛ばせる明るさやユーモアは、チームにとって大きなプラスになっている。

(2015 年 9 月の記者会見にて)

＜試してみよう＞

コート上で目を引く選手や、インタビューがおもしろい選手に習って、自分らしさを表現する練習をしてみよう。自己紹介が上手になると、人の前に出ることが楽しくなる。

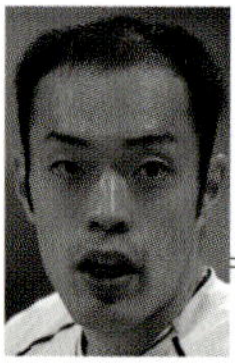

深津 英臣
Fukatsu Hideomi

自分は自分という、
強い気持ちでやらなければ

自分は自分という、
強い気持ちでやらなければ

大学在学中にワールドカップ（2015年）で活躍した山内晶大選手。大学リーグでは経験できない、高く、組織的なブロックを相手に躍動感あふれるスパイクを決めた。序盤は固さが見えた山内選手だったが、試合を追うごとにスパイク決定率を上げて、終わってみればスタメン出場が全７試合。大きな手応えを感じたことだろう。ただ、まだまだ課題も多い。最終戦の直後、ミックスゾーンで報道陣から「これから大学に戻り、レベルの違う環境でどうやって力を磨くのか」と尋ねられた時に出たのがこの言葉だ。

国際舞台から大学リーグという、実力に差のある環境に戻っても、目標は見失わない、という強い意志を感じさせた。「全日本にいる時と同じように、高い意識を持って戦わなければいけないと思います。自分がそうすることで、（大学の）チームメイトも刺激を受けて、チーム全体が成長すると思うから、向上心を持ってやっていきたい。（全日本に）再び召集されたときに足を引っ張らないように」と続けた。

（2015年ワールドカップの取材にて）

＜試してみよう＞

どんな環境でも、周りに流されることなく、自分にとって大切なことを優先させよう。そのゆるぎない姿勢が必ず周りにもよい影響を与えるはずだ。

山内 晶大
Yamauchi Akihiro

自分の高さは
世界でも通用すると確認できた。
その自信が、なりたい自分を明確にする

自分の高さは世界でも通用すると確認できた。その自信が、なりたい自分を明確にする

ミドルブロッカーとしてスピードのある攻撃が求められる出耒田敬選手。心がけているのは「体の軸を意識し、しっかりとスイングをしてスパイクを打つこと」だ。しっかりスイングすることによってスパイクに体重が乗り、打球が鋭くなって、より拾われにくくなる。相手のブロックを弾き飛ばすこともできる。こうして、高く跳び、しっかり打ちたいと考える出耒田選手は、他のミドルブロッカーに比べて助走からスイングまでの動作が大きい。そのため、過去にはクイックのフォームを直されそうになったこともあった。しかし様々な国際舞台を経験し、強豪国のミドルブロッカーを観察するうちに、海外にも自分と同じようなクイックの打ち方をする選手がいることを知る。そして自分の武器は「やはり高さ」であると実感したと話す。

視野を広げれば、課題と同時に自分の長所もわかる。そして自信が生まれれば、「なりたい自分」の姿がよりはっきりと思い描けるようになる。

(2015年インタビューより)

<試してみよう>

「ハードルが高いかな」と思えることにも挑戦してみよう。そこで結果を残すことができれば自信になる。自分の長所を確認できると、心のもやもやが晴れて、めざす方向が見えてくるぞ。

出耒田 敬

Dekita Takashi

もらったチャンスを生かせるかは自分次第
新しいことにひるまない
むしろ楽しめ

NEXt VOLLEY BALL NEXt

もらったチャンスを生かせるかは自分次第
新しいことにひるまない。むしろ楽しめ

　リオデジャネイロオリンピックイヤーである2016年に初めて全日本に招集された星野秀知選手の経歴は、実に華やかだ。サレジオ中学校、東亜学園高校で全国制覇を経験。東海大学でも1年生の頃からレギュラーとして試合に出場し、大学日本一に輝いた。抜群のバレーセンスもさることながら、よりプレッシャーのかかる戦いを制することができたのは、星野選手の強い精神力があったからに違いない。
『やるからには結果を出したいし、出せる自信もある』と言い切るように、星野選手は自信に満ちている。それはおごりではない。常にいいイメージを持って、日々、バレーボールと向き合うことにより、いい結果を手にしてきた、体験による自信だ。そういう人は、新たな環境に置かれたり、新しいことに出会ったりしてもひるまない。むしろ新しいことを体験できる自分に期待し、楽しもうとする。だから、初めての全日本でどのような爪痕を残すのか、注目したい。

(2016年2月、Vプレミアリーグにて)

＜試してみよう＞

勉強やスポーツ、身の回りのこと……。なんでもいいから、成功体験をたくさんしよう。興味をもって取り組んだことが成果につながる喜びは大きく、自信がつく。

星野 秀知
Hoshino Hidetomo

以前の自分はカタチにこだわりすぎていた。
キレイにじゃなく、泥臭く、
貪欲にやらなければ世界では勝ち残れない

NEXt VOLLEY BALL NEXt

以前の自分はカタチにこだわりすぎていた。キレイにじゃなく、泥臭く、貪欲にやらなければ世界では勝ち残れない

福澤達哉選手がブラジルリーグに挑戦した2015/16シーズン。ポジションを奪われ、再び先発の座を取り戻すには何が必要か、苦しみ、考え抜いた末にたどり着いた答えが、この言葉だ。抜群の跳躍力を誇り、子供の頃からチームの絶対的なエースとしてバレー人生を歩んできた福澤選手には、スパイクの決め方にもこだわりがあった。しかしブラジルに行って、そのこだわりは何の意味もないと気づいた。監督に「福澤を使おう」と思わせるために必要なのは、キレイなスパイクではなく、結果だけ。いかに勝ちにつなげられるか。そのために大事なのは「泥臭さ」や「貪欲さ」だった。ブロックをキレイに抜いて決めたスパイクでも、不格好に無理矢理押し込んだボールでも、1点は1点。「こう打とう」ではなく、「まず何がなんでも点につなげるぞ」という意識が先にくる。以前とは逆の発想と泥臭さを身につけた福澤選手は、ブラジルでポジションを取り戻し、今年、全日本にも復帰した。

(2016年3月の取材で)

＜試してみよう＞

実力がものをいう世界では、結果を出すことにこだわろう。大事な場面で結果を出せる人は、おのずと周囲から信頼され、大事にされる。

福澤 達哉
Fukuzawa Tatsuya

世界は厳しい。
基準を上げなければ戦えない

NEXt VOLLEY BALL NEXt

世界は厳しい。
基準を上げなければ戦えない

どんな相手に対しても、臆することなく果敢に攻める。それが柳田将洋選手の大きな武器だ。試合の終盤、1点をめぐる攻防が続く中でも、迷わずに、思い切り打ち込む強烈なサーブは、日本に勝利をもたらす原動力となった。

試合を重ねるたびに成長を遂げる日本の若きエースを、もちろん世界も放っておかない。アメリカ、イタリアといった世界でもトップクラスの強豪たちが、柳田選手の攻撃力を封じるべく、100㎞を超える速さと重さのある強烈なサーブで執拗に狙い続けた。相手にとってもサーブは世界と戦う武器。磨きをかけているから、エースを取られても仕方がないのだが、柳田選手の見解は違う。

『すごいな、とびっくりしているようでは、ワールドカップで戦うとか、オリンピックに出るなんて程遠い話。相手のサーブがどれだけすごくても、それを敗因と語るようでは成長がない』。

強い相手と戦うためには、もっと自分が強くならなければダメだ。若きエースが負けん気をのぞかせた。

(2015年ワールドカップ広島大会にて)

＜試してみよう＞

戦う前から気持ちが負けていては勝負にならない。
同じ土俵に上がる以上、どんな相手にも負けない、
という強い気持ちをもとう。

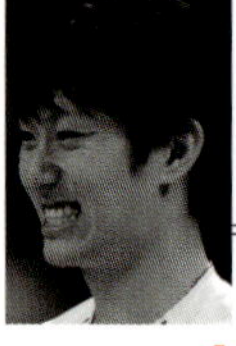

柳田 将洋
Yanagida Masahiro

男子バレーの未来のために、
リオ五輪には必ず行かなきゃいけない

男子バレーの未来のために、リオ五輪には必ず行かなきゃいけない

全日本のキャプテンであり、チーム一の得点源でもある清水邦広選手。大学4年生で出場した2008年北京オリンピックは、「先輩たちに連れていってもらった」という気持ちがあり、「次は自分や福澤（達哉）が主になって五輪に行く」という強い思いでチームを引っ張ってきた。ただ、北京オリンピック以降は世界の壁の厚さを痛感させられることが多く、4年前にはロンドンオリンピック出場を逃すなど、苦しい時期が続いた。そんな中、若い選手たちが加わり、2015年あたりから日本チームが変わり始めたことを清水選手は肌で感じていた。だからこそ言う。「オリンピックに行けば、もっと変われる気がする。男子バレーの未来のために、リオ五輪には必ず行かなきゃいけない」と。

清水選手は今年30歳。4年後に代表にいるかどうかはわからない。どんなに頑張っても、必要とされなければコートに立てない厳しい世界。五輪の経験をつなぐチャンスは今しかないから、主将として、オポジットとして、清水選手は力の限り戦い抜く。

（2015年12月のインタビュー、2016年4月の取材にて）

＜試してみよう＞

頑張るのは、自分のため？　家族や友人のため？
チームや会社のため？　成果をあげるには、頑張る目的をハッキリさせよう。

清水 邦広
Kunihiro Shimizu

失敗を恐れていては何も始まらない

失敗を恐れていては何も始まらない

2015年のワールドカップ、最終戦が終わったあとのインタビューで発した言葉。終始、サーブで攻める姿勢が印象的だった石川祐希選手に「思い切りよくサーブを打つ秘訣は？」と尋ねると、笑いながらこう答えた。

相手が簡単に返せるサーブを打ってしまっては、相手の攻撃陣に有利な状況を作るだけ。それならば、相手の心理的負担も大きい強力なサーブで挑んだほうが得策だという理論に基づいた言葉だ。一見、精神論と誤解されそうな一言だが、バレーボールの戦術を深く理解し、状況判断に長けた石川選手のプレースタイルが背景にあると、やみくもに突進する「無茶な勇気」をたたえる言葉ではないことがわかるはず。失敗を恐れないでプレーする大胆さは大切だが、そのためにはバレーボールを理解し、サーブミスをしない技術の習得など、日々の練習がさらに重要であることを示している。

(2016年1月インタビューにて)

＜試してみよう＞

失敗を恐れることなく、勇気を持って挑んだほうが好結果につながる。ただし、よい結果を出すためには、ミスをしないための地道な準備と努力が必要だ。確かな技術があってこそ、その勇気が生きる。

石川 祐希

Ishikawa Yuki

仲間だけどライバル。
だからコートには
『負けねぇぞ』って思いで立つ

NEXt VOLLEY BALL NEX1

仲間だけどライバル。
だからコートには『負けねぇぞ』って思いで立つ

チームメイトとは、ただの仲良しではいけない。戦わなければ、チームのために価値ある存在になれないし、チーム力も上がっていかない。だから「常に戦っている」と話すのは、全日本男子の仕事人、米山裕太選手だ。ディフェンス、オフェンスの両面で抜群の安定感を誇り、点を取る術をいくつも持っている。『この人がコートに入るとチームの雰囲気が変わる』、そんな期待も抱かせる選手だが、それでも、常にコートに立てるかというと、そうではない。

南部正司監督が指揮を執り、初めて臨んだアジア大会（2014年）では、オリンピックを見据えて、石川祐希選手、山内晶大選手ら若手が積極的に起用され、米山選手は崩れた場面で投入される、いわば切り札的な役割に回った。誰もがこなせる役割ではないし、チームとして若手の成長が不可欠であることも理解できるが、1人のプレーヤーとして譲れない意地もある。だから自分を鼓舞する。どんな相手だろうと負けねぇぞ、と。

（2014年仁川アジア大会にて）

＜試してみよう＞

チーム力を上げるには、単なる仲良し集団ではいけない。仲間もライバル。コート上では大いに競い合おう。

米山 裕太
Yoneyama Yuta

バレーに対する姿勢が甘い！
ここがどういう場所か考えろ。
世界は甘くねーぞ！

NEXt VOLLEY BALL NEXt

バレーに対する姿勢が甘い！
ここがどういう場所か考えろ。
世界は甘くねーぞ！

南部正司監督就任1年目の2014年。世代交代を進めるために、若手大型選手が将来性を買われて代表入りした。しかし最初、何人かの選手は、ベテラン選手の目には「代表に入っただけで満足している。もっとガムシャラに、覚悟を持ってやってほしい」と映った。それを、心を鬼にして言い続けたのがリベロの永野健選手だった。

「バレーに対する姿勢が甘い。甘い考えは捨てろ！ここはそんな簡単な場所じゃねーんだぞ！」「Vリーグにも出ていない選手が、普通にやっていて、世界で通用するわけがないだろ。出ているオレらだってヒーヒー言いながらやってきたんだ」「世界では22、23歳なんて若手じゃないんだぞ」「世界が相手でも負けて当たり前なんて思って欲しくない」。そうやって練習中にたびたび厳しい言葉を発し、経験の浅い選手たちにハッパをかけ続けた。世界と戦う厳しさを嫌というほど味わってきたからこそ伝えたかった。そんな愛あるムチが、若いチームをここまで成長させてきたのだ。

(2014年7月の取材など)

＜試してみよう＞

黙っていてはわかり合えないこともある。自分の考えを言える、風通しのいいチームをつくろう。

永野 健
Nagano Takeshi

自分の可能性を広げるためには
考えたり工夫したりすることを楽しまないと

自分の可能性を広げるためには
考えたり工夫したりすることを楽しまないと

専修大学時代は3年まで関東大学リーグの2部に所属していた栗山雅史選手が、いまや全日本選手。栗山選手はサントリーに入団後、めきめきと力をつけていった。その一因は、チームメイトに元全日本主将の山村宏太選手や2015年ワールドカップメンバーの鈴木寛史選手がいたからだと言う。「僕はずっとBチームであの2人を相手にしていたんですが、普通に打ったらほぼ止められた。『2人を相手に決めるためには工夫せんといかん』と思って、毎日いろいろ試すようになったし、それがまた楽しかった」。そうしてサントリーでレギュラーをつかみ、全日本へ。日本のトップレベルの選手が集まる環境や世界との対戦に、「一緒にやっていると勉強になるし、成長できていると実感する」と充実感を漂わせる。

自分の可能性を広げるためには、レベルの高い相手であっても、折れることなく、どんなプレーが通用するのだろうと考えて、工夫を重ねることが必要だ。栗山選手のように、工夫を楽しむことができれば、可能性は無限に広がっていく。

(2015年2月のインタビュー、2016年4月の取材にて)

＜試してみよう＞

問題を解く方法は一つではない。教わるだけでなく、自分でも試行錯誤をしてみよう。積極的に取り組んで、問題を解決できた時の喜びは、想像以上に大きいぞ。

栗山 雅史
Kuriyama Masashi

**最初は『たら』『れば』しかなかった。
それを悔いたから今がある**

最初は『たら』『れば』しかなかった。
それを**悔いた**から今がある

2015年のワールドカップで大活躍し、日本のエースとして人気が爆発した柳田将洋選手。堂々とした姿が印象的だったが、柳田選手に全日本入りのチャンスが巡って来たのはワールドカップのわずか1年前。2014年に韓国・仁川で開催されたアジア大会が、シニア代表として出場した初めてのタイトルマッチだった。南部正司監督が指揮官に就任した直後から、世界と戦う機会を求めて、欧州、ブラジル遠征を敢行。当時、大学生だった柳田選手も帯同した。すると、パンチ力のある攻撃とジャンプサーブは、世界の猛者に対しても十分すぎるほどの威力を発揮。南部監督も『チーム内でナンバーワンのサーバー』と高く評価した。

ところが、アジア大会が始まると、気づかぬうちに守りに入ってしまい、『攻めるよりもいかにミスをしないか。そればかりが気になった』と言う。ああしたらよかった。こうすればよかった、と嘆くばかりの自分を悔い、世界の舞台でもひるまない、強い自分になろうと決めて努力した、その成果が、ワールドカップで見せた勇姿だ。失敗を失敗のままで終わらせない芯の強さは、柳田選手の魅力の一つと言えるだろう。

(2014年仁川アジア大会にて)

＜試してみよう＞

失敗してもいい。失敗のまま終わらせてなるものか、という強い意志と行動力さえあれば、人はいつでも前を向いて歩くことができる。

柳田 将洋
Yanagida Masahiro

自分は小さいので、大きい人には
負けたくないという思いがすごく強い

自分は小さいので、大きい人には
負けたくないという思いがすごく強い

身長177cmと小柄なセッター関田誠大選手。中学、高校、大学で日本一を経験し、大学を卒業したばかりの今年、全日本に初めて招集された。日本バレー界では大型セッター育成の必要性が叫ばれ、2020年東京オリンピックをめざしてスパイカーからセッターに転向する若手選手も多い。そんな中、関田選手が発したのがこの言葉だ。

彼には、同世代の誰よりも経験と実績を積んできた自負がある。また彼は、どんな相手にも決してひるまない。それが尊敬する相手でもだ。今年、関田選手はパナソニックに入社した。パナソニックには全日本の正セッター・深津英臣選手もいる。なぜ、そのパナソニックを選んだのかと尋ねると、こう答えた。「自分は負けるつもりもないですし、深津さんを抜かしていかないと、全日本には入れないと思っているので」。

クレバーなトスワークや正確な技術はもちろんだが、22歳にして重要な大会の一員となれたのは、常に大きな者、強い敵に立ち向かう強気な姿勢があればこそだ。

(2016年2月のインタビューで)

＜試してみよう＞

負けたくないという気持ちは、誰もがもっているもの。その気持ちにフタをしないで、一生懸命取り組んでみよう。スポーツにかぎらず、日常のさまざまな場面で役立つはずだ。

関田 誠大
Sekita Masahiro

勝った試合も、負けた試合も、
何かに生かさなければいけない

勝った試合も、負けた試合も、
何かに生かさなければいけない

2012年のロンドンオリンピック世界最終予選以来、実に4年ぶりに最終エントリーに残った富松崇彰選手。今年、31歳。どんな結果も真摯に受け止め、日々、進化を続けてきた結果の代表復帰だろう。そんな富松選手の原点とも言える言葉である。

2007年、東海大学4年生だった富松選手は東レの内定選手としてVリーグデビューを果たした。シーズン途中からレギュラーの座を獲得。特にブロック決定本数では他を寄せ付けない強さを見せて、東レの決勝ラウンド進出に大きく貢献した。ブロック賞と新人賞、ベスト6をトリプル受賞したものの、チームが優勝決定戦でサントリーに敗れると、「自分を新人だとは思っていない。試合に出ている以上、チームの勝敗には責任がある」と、涙を流して準優勝を悔しがった。「バレーを続けていく上で、勝った試合、負けた試合、どちらからも得るものはある。だから、この悔しさも、必ず将来、生かす場面が来るはず」と富松選手。

大切なのは、結果を正面から受け止める心。たとえ悔しい出来事があっても目を背けずに向き合えるかが自分の未来を決める。

(2007年のインタビューより)

＜試してみよう＞

試合やテスト、大事な仕事で結果を出せなくても、悔しがって、落ち込んで、気晴らしして終わりではダメ！　まずは冷静に負けた原因を考える。次は絶対に負けないために。

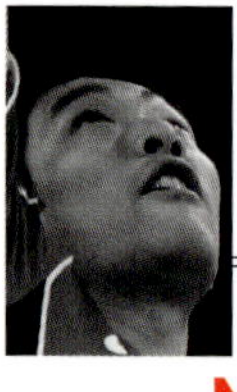

富松 崇彰
Tomimatsu Takaaki

信頼をつかむためには、
ベストじゃないトスにも対応することが必要

信頼をつかむためには、
ベストじゃないトスにも対応することが必要

高校1年生からバレーボールを始め、2014年にバレー歴約5年で全日本デビューを飾ったミドルブロッカーの山内晶大選手。セッターの深津英臣選手とのコンビは少しずつ精度が高まってきているが、2015年のワールドカップでは、強豪チームとの対戦で、なかなかクイックを使えない試合もあった。

山内選手は、「ベストなトスがきたらもちろんたたけるんですけど、セッターもいつも完璧に上げられるわけじゃない。自分はそういう、トスがベストじゃなかった時の対処が全然できていなかった。どんなトスでも、フェイントをしたり、相手の嫌なところにいなして決めるといった細かい部分を身につけていかなきゃいけない」と自身の課題を語った。

周囲の信頼を得るためには、他の人のミスもカバーして決めるんだという意気込みや技術が必要であり、山内選手がめざしているのもそういう選手だ。

(2015年12月のインタビューにて)

＜試してみよう＞

誰よりも早く登校する、誰よりも熱心に掃除をする、誰よりもいい成績をとるなど、一つでいいから、地道に成果を積み上げて“一番”をつくろう。それが信頼を築く一歩になる。

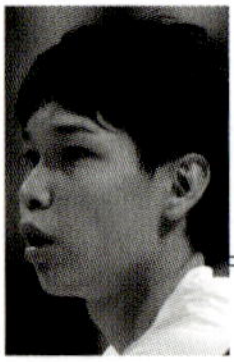

山内 晶大
Yamauchi Akihiro

うつむいてばかりいたら、
前は見えない。
先へ進みたいなら、目線を上げろ

うつむいてばかりいたら、前は見えない。先へ進みたいなら、目線を上げろ

２ｍを超える高さと、海外選手にも劣らないパワーや潜在能力。底知れぬ可能性を高く評価され、2015年のワールドカップメンバーに抜擢された高橋健太郎選手。次世代を担う『NEXT４』の１人として注目を集めるも、ワールドカップ前の貴重な実戦の場となるはずだったワールドリーグ直前にケガや体調不良に見舞われ、活躍の機会を失った。それでも『いつかチャンスが来る』と前向きに練習に励んできたが、そのチャンスはなかなか訪れず、一躍スターとなった石川祐希選手、柳田将洋選手、山内晶大選手との差は広がるばかり。初めての大舞台に、笑顔が絶えずにいたスタートとは一転。試合を重ねるごとに表情は暗くなり、前を向くこともできず、常に下ばかり向くようになった。

悔しくて、うまく行かない時は気づかぬうちに視野も狭くなるが、その状態では再びチャンスが訪れてもつかむことができない。次のチャンスを逃さないためには、自分に喝を入れて、目線を上げる。悔しさをバネにして一歩を踏み出すことが大切だ。

(2015年ワールドカップ広島大会にて)

＜試してみよう＞

悔しさを味わうということは、それだけ本気だったということだ。だから、胸を張って出直せばいい。先へ進みたいなら、目線を上げよう。

高橋 健太郎
Takahashi Kentaro

自分の目で見ないとわからないことって、
やっぱりたくさんあるんだな

自分の目で見ないとわからないことって、
やっぱりたくさんあるんだな

2015/16シーズンに、29歳で初めて海外リーグに挑戦した福澤達哉選手。ブラジルのマリンガでつくづく感じたのが、「やっぱり外に出て、自分の目で見ないとわからないことってたくさんあるんだな」ということ。「泥臭く結果を求めることが大事」だと気づいたのもその一つ。また、ブラジル選手の姿を見て感じたことも多々あった。「とにかく熱い。例えば、（アテネオリンピック金メダリストの）リカルド選手は、セッターというポジションだが、スパイクが決まると一番目立つぐらい喜びを体全体で表現する。あれだけの経験をしている選手が、国内リーグの一つの試合で、それだけ気持ちを入れることができる。たとえワンサイドゲームになっても、ワンプレーに対するこだわりは変わらない。1点に対する執着心の強さ。そういう選手が集まっているチームが強いんだと感じたし、僕の今までの取り組み方には足りないものがあったと気づきました」。そうした気づきが、今後の福澤選手の人生を豊かにするに違いない。

（2016年3月の取材で）

＜試してみよう＞

うまくいかない時は、頭でばかり考えていないで、行動してみよう。新たな出会いや気づきが、前を向いて歩く力になる。

福澤 達哉

Fukuzawa Tatsuya

「ダメだ」と腐ったら終わり。
目標をかなえるためにできることは
いくつだってある

「ダメだ」と腐ったら終わり。目標をかなえるためにできることはいくつだってある

バレーボールは、コートに６人しか立つことができない。全日本に選ばれた選手たちは皆、所属チームでは中心として活躍する選手ばかりの、いわゆる“エリート”揃いだから、余計に試合に出られる確率は低くなる。特にセッターやリベロは、守備や攻撃の軸となるポジションなので、選手は固定されがちだ。

チーム最年長のベテラン、豊富な経験を持つ酒井大祐選手も、ベンチを温めることが多い選手の一人。男子バレーに注目が集まった2015年のワールドカップでも、コートに立つ機会はわずか1試合。だからこそ、この言葉に重みがある。

たとえ自分のパフォーマンスが悪くても、なかなかチャンスが巡ってこなくても『ダメだ』と腐ったら終わり。チームが勝つために、目標をかなえるためにできることはいくつもある。自分の果たすべき役割を、みずから見つけて、行動できる選手が、チームスポーツにおける真の選手だ。

(2015ワールドカップ大会前会見にて)

<試してみよう>

チームのために、進んで力を尽くすと、その役割を通して学べることや気づくことがある。ボール拾いや声出しも立派な役割。どうすればうまくいくかを考えて、工夫してみよう。

酒井 大祐
Sakai Daisuke

戦う前にあきらめてどうする！
相手が強敵でも、
勝負する以上、**勝つこと**しか考えない

NEXt VOLLEY BALL NEXt

戦う前にあきらめてどうする！
相手が強敵でも、
勝負する以上、勝つことしか考えない

普段は穏やかだが、勝負がかかると、負けず嫌いが牙をむく石川祐希選手。いくら相手が強敵であっても、戦う前にあきらめることはない。むしろ、レベルの高い相手と戦えることに喜びを感じて、どうすればチームの勝利に貢献できるかを考え抜く。

世界のトッププレーヤーと比べれば、まだまだ成長途中。太刀打ちできないこともあれば、体力不足でパフォーマンスが落ちることもあるが、それでもひるまないところが、19歳にして、日本のエースとして認められた理由。コート上で、最高の笑顔と渾身のガッツポーズでチームメイトを鼓舞するのも、チームが勝つために、自分にできることの一つだと考えているから。自然と出てしまうのだ。

(2015年12月のインタビューにて)

＜試してみよう＞

戦う前から負けてはいけない。強い相手と戦う時ほど、楽しむことが大事。勝つための策を考えて、チームの士気を高めよう。

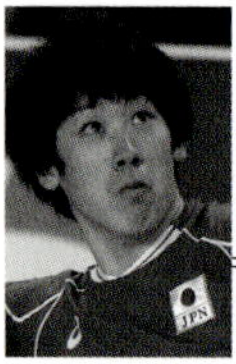

石川 祐希
Ishikawa Yuki

本書は
こんな使い方も
できます

全ページにミシン目を入れました。
切り離せば、1枚のカードになります。

Whoever is happy

お気に入りの
写真を飾れます。

言葉に励まされ、
「自分も頑張るぞ」
という気持ちが
涌いてきます。

毎日、ハッピーな
気持ちで過ごせます。

will make others happy too.

励ましのメッセージを
手軽に贈れます！

STAFF

編集／金子 裕美
ライティング／米虫 紀子・市川 忍
撮影／浦川 一憲・平野 敬久
カバー・本文デザイン／中山 雄太
イラスト／稲垣 悦子

前《まえ》を向《む》いて歩《ある》こう　龍神《りゅうじん》ＮＩＰＰＯＮ 心《こころ》を奮《ふる》い立《た》たせるメッセージ集《しゅう》＜龍神語録《りゅうじんごろく》＞

2016 年 7 月 10 日　第 1 刷発行

編著者	バレーボール NEXt 編集部
発行者	馬場 誠
発行所	有限会社ブランニュー 〒 223-0064　神奈川県横浜市港北区下田町 4-1-4-405　電話 045-563-6035（編集）
発売元	株式会社主婦の友社 〒 101-8911　東京都千代田区神田駿河台 2-9　電話 03-5280-7551（販売）
印刷所	図書印刷株式会社

JVA 承認 2016-05-012

ISBN 978-4-07-416752-4

■本書の内容に関するお問い合わせは有限会社ブランニュー（電話 045-563-6035、担当／金子）まで。
■乱丁本、落丁本はおとりかえします。お買い求めの書店か、主婦の友社販売部（電話 03-5280-7551）にご連絡ください。
■ブランニューが発行する書籍・ムックのご注文は、お近くの書店か主婦の友社コールセンター（電話 0120-916-892）まで。
※お問い合わせ受付時間　月～金（祝日を除く）9:30 ～ 17:30

バレーボール NEXt　Twitter：https://twitter.com/next_vb　Facebook：https://www.facebook.com/VBNEXt/
主婦の友社ホームページ　http://www.shufunotomo.co.jp